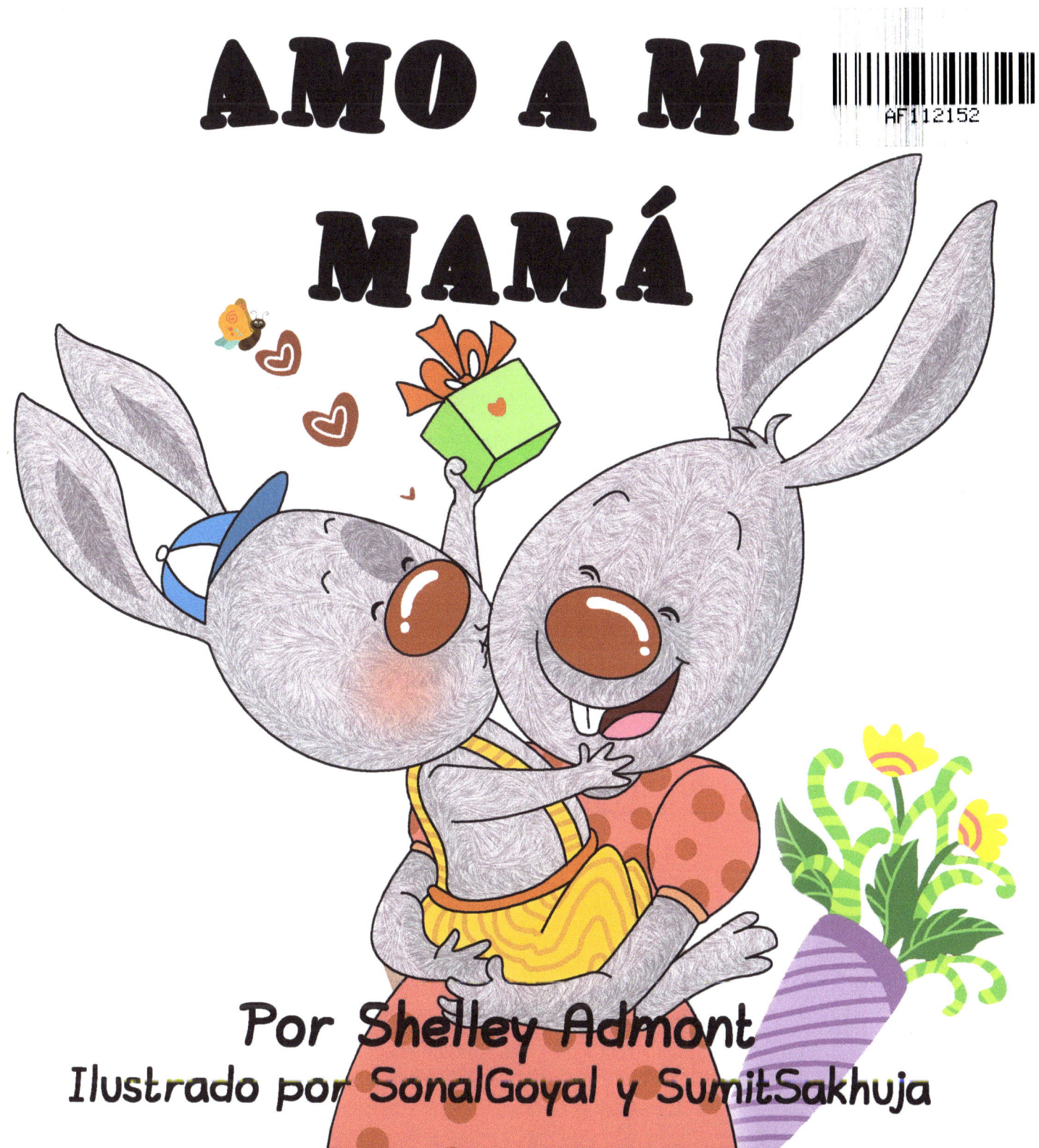

www.kidkiddos.com
Copyright©2014 by S.A.Publishing ©2017 by KidKiddos Books Ltd.
support@kidkiddos.com

All rights reserved. No part of this book may be reproduced in any form or by any electronic or mechanical means, including information storage and retrieval systems, without written permission from the publisher or author, except in the case of a reviewer, who may quote brief passages embodied in critical articles or in a review.
Todos los derechos reservados. Ninguna parte de este libro se puede utilizar o reproducir de cualquier forma sin el permiso escrito y firmado de la autora, excepto en el caso de citas breves incluidas en reseñas o artículos críticos.

First edition, 2014

Traducción al inglés de Laura Bastons Compta

Library and Archives Canada Cataloguing in Publication
I Love My Mom (Spanish Edition) / Shelley Admont
ISBN: 978-1-926432-37-3 paperback
ISBN: 978-1-926432-38-0 hardcover
ISBN: 978-1-926432-36-6 eBook

Although the author and the publisher have made every effort to ensure the accuracy and completeness of information contained in this book, we assume no responsibility for errors, inaccuracies, omission, inconsistency, or consequences from such information.

Para aquellos a los que más quiero - S.A.

Mañana iba a ser el cumpleaños de mamá. El pequeño conejito Jimmy y sus dos hermanos mayores susurraban en su habitación.

—Pensemos — dijo el hermano mediano —. El regalo de mamá tiene que ser muy especial.

—Jimmy, tú siempre tienes buenas ideas —añadió el hermano mayor —. ¿Qué opinas?

— Mmm... —Jimmy empezó a pensar seriamente y, de repente, exclamó— ¡Podría darle mi juguete preferido, mi tren! — Sacó el tren de la caja y se lo enseñó a sus hermanos.

— No creo que a mamá le gusten los trenes — dijo el hermano mayor—. Necesitamos otra idea, algo que realmente le vaya a gustar.

—Podríamos darle un libro —gritó el hermano mediano muy contento.

—¿Un libro? Es el regalo perfecto para mamá —respondió el hermano mayor.

—Sí, podríamos darle mi libro preferido —dijo el hermano mediano mientras se aproximaba a la estantería.

—Pero a mamá le gustan los libros de misterio —dijo Jimmy tristemente—, y este libro es para niños.

—Creo que tienes razón —asintió el hermano mediano— ¿Qué debemos hacer?

Los tres hermanos conejitos estaban sentados pensado en silencio hasta que, por fin, el hermano mayor dijo:

—Sólo se me ocurre una cosa, algo que podríamos hacer nosotros mismos, algo como una tarjeta de cumpleaños.

—Podemos dibujar millones de millones de corazones y besos —dijo el hermano mediano.

—Y decirle a mamá cuánto la queremos —añadió el hermano mayor.

Todos se emocionaron mucho y empezaron a trabajar.

Los tres conejitos trabajaron muy duro: cortaron y pegaron, plegaron y pintaron.

Jimmy y su hermano mediano dibujaron corazones y besos y, cuando acabaron, añadieron unos cuantos más.

Entonces, el hermano mayor escribió con letras grandes:

"¡MUCHAS FELICIDADES MAMÁ! TE QUEREMOS MUCHÍIIIISIMO. TUS HIJITOS."

Finalmente, la tarjeta estaba lista. Jimmy sonreía.

—Estoy seguro que a mamá le va a gustar —dijo, limpiando sus manos sucias en sus pantalones.

—Jimmy,—gritó el hermano mayor— ¿No ves que tus manos están llenas de pintura y cola?

—Oh, oh...— dijo Jimmy —. No me di cuenta. ¡Lo siento!

—Ahora mamá tendrá que hacer la colada el día de su cumpleaños —añadió el hermano mayor mirando a Jimmy muy serio.

—¡De ningún modo! ¡No dejaré que eso pase! —exclamó Jimmy—. Voy a lavarme los pantalones yo mismo. -Y se dirigió hacia el baño.

Entre todos lavaron toda la pintura y la cola de los pantalones de Jimmy y los colgaron para que se secaran.

De vuelta a su habitación, Jimmy echó un vistazo rápido en la sala de estar y vio a su mamá ahí.

—Mirad, mamá está durmiendo en el sofá —susurró Jimmy a sus hermanos.

—Traeré mi manta —dijo el hermano mayor y corrió hacia su habitación.

Jimmy estaba de pie viendo dormir a su madre. En aquél momento, se dio cuenta de cuál sería el regalo perfecto para su mamá y sonrió.

—¡Tengo una idea! —dijo Jimmy cuando su hermano mayor volvió con la manta.

Susurró algo a sus hermanos y los tres conejitos asintieron con una gran sonrisa.

Se acercaron al sofá sin hacer ruido y taparon a su mamá con la manta.

Cada uno de ellos la besó y le susurraron: "Te queremos mami". -Mamá abrió los ojos.

—Oh, yo también os quiero —dijo, sonriendo y abrazando a sus hijos.

A la mañana siguiente, los tres conejitos se levantaron muy temprano para preparar su regalo sorpresa para mamá.

Se lavaron los dientes, hicieron sus camas de forma perfecta y revisaron que todos los juguetes estuviesen en su lugar.

Después de eso, se dirigieron a la sala de estar para limpiar el polvo y lavar el piso.

Después, se dirigieron a la cocina.

—Prepararé el desayuno preferido de mamá con tostadas con mermelada de fresa —dijo el hermano mayor—, y tú, Jimmy, puedes hacerle un zumo de naranja.

—Yo traeré algunas flores del jardín —dijo el hermano mediano mientras salía por la puerta.

Cuando el desayuno ya estaba preparado, los tres hermanos conejitos lavaron los platos y decoraron la cocina con flores y globos.

Los tres hermanos conejitos entraron muy contentos en la habitación de sus padres con la tarjeta de cumpleaños, las flores y el desayuno recién hecho.

Mamá estaba sentada en la cama. Sonrió mientras escuchaba a sus hijos cantar "Cumpleaños Feliz" mientras entraban en la habitación.

—¡Te queremos mamá! —gritaron todos juntos.

—¡Es el mejor cumpleaños de mi vida! —dijo la mamá besando a todos sus hijos.

—Aún no lo has visto todo —dijo Jimmy haciendo un guiño a sus hermanos— ¡Deberías echar un vistazo en la cocina y en el comedor!

www.ingramcontent.com/pod-product-compliance
Lightning Source LLC
LaVergne TN
LVHW070220080526
838202LV00067B/6869